Cynnwys

Codi tŷ

Lle i fyw ynddo yw tŷ. Lle sy'n dy gadw di'n sych, yn gysurus ac yn ddiogel.

Wyt ti wedi codi tŷ i ti dy hun yn y stafell wely, neu yn yr ardd? Os wyt ti, beth ddefnyddiaist ti? Hen flanced, falle, neu ddarnau o bren – beth bynnag oedd wrth law.

Dros y byd mae pobl yn codi tai trwy ddefnyddio'r deunyddiau sydd o'u cwmpas. Maen nhw'n chwilio am ddeunyddiau sy'n eu cysgodi rhag yr haul, yr oerfel, y gwynt a'r glaw.

Roedd Indiaid Gogledd America'n arfer gwneud cartref o groen byfflo.

Codi tŷ

Siân Lewis

Cyhoeddwyd gan CAA, Prifysgol Aberystwyth, Plas Gogerddan, Aberystwyth SY23 3EB (www.caa.aber.ac.uk).

Cyhoeddwyd dan nawdd Cynllun Adnoddau Addysgu a Dysgu CBAC.
Noddwyd gan Lywodraeth Cynulliad Cymru.

ISBN 978-1-84521-387-9

Golygwyd gan: Fflur Pughe
Dyluniwyd gan: Richard Huw Pritchard
Argraffwyd gan: Argraffwyr Cambrian

Cydnabyddiaethau

Diolch i'r canlynol am ganiatâd i atgynhyrchu deunyddiau yn y gyfrol hon:

Richard Huw Pritchard – tud. 4, 7, 9, 10, 11
TopFoto – tud. 4, 6, 7, 8, 10, 11
Awdurdod Parc Cenedlaethol Arfordir Penfro – tud. 5
Rachel Shiamh, Penwhilwr, Llandudoch (www.quietearth.org.uk) – tud. 5
Sturgess Van Damme – tud. 10
www.aberaeron-westwales.co.uk – tud. 11
Portmeirion Ltd – tud. 11

Gwnaethpwyd pob ymdrech i olrhain a chydnabod deiliaid hawlfraint. Bydd y cyhoeddwyr yn falch o wneud trefniadau addas gydag unrhyw ddeiliaid na lwyddwyd i gysylltu â hwy.

Diolch i Dilys Ellis-Jones a Myfanwy Neal am eu harweiniad gwerthfawr.

Gwellt

Mae gwellt yn tyfu yn y caeau. Coesau planhigion yw gwellt. Mae un gwelltyn yn wan, ond mae bwndel o wellt yn gryf.

Yn yr hen amser, roedd y Celtiaid yn byw mewn tŷ crwn fel hwn. Roedd to mawr o wellt ar y tŷ. Roedd y to'n drwchus ac yn cadw'r glaw allan.

Mae rhai pobl yn adeiladu tai gwellt newydd sbon, yn enwedig mewn gwledydd lle mae llawer o ŷd yn tyfu.

Byrnau gwellt yw waliau'r tŷ hwn yn Llandudoch. Mae'r byrnau'n gryf ac yn cadw'r tŷ'n gynnes. Trwy ddefnyddio planhigion lleol, dydy'r tŷ ddim yn gwneud cymaint o niwed i'r amgylchedd.

Pren

Mewn gwledydd lle mae coedwigoedd mawr, mae pobl yn codi tai pren. Wedi i'r coed gael eu torri i lawr, bydd rhagor yn cael eu plannu.

Mae'r caban hwn wedi ei wneud o foncyffion cyfan.

Fel arfer mae pren yn cael ei lifio. Mae'n hawdd llifio pren a'i dorri i wahanol faint.

Dyma gartref yr Inuit sy'n byw yn yr Arctig.

Mae'r Inuit yn byw mewn tai pren wedi eu peintio'n lliwgar. Mae'r pren yn cael ei gludo o wledydd eraill.

Does dim llawer o bren yn yr Arctig, ond mae digon o rew ac eira. Ar un adeg, byddai'r Inuit yn codi iglws – tai iâ – i'w cysgodi, yn enwedig pan fydden nhw allan yn hela.

Faint o bren sydd yn dy gartref di? Oes pren yn y to? Beth am y drysau, fframiau'r ffenestri, a'r celfi?

Carreg

Mae digon o greigiau gennyn ni yng Nghymru. Blociau mawr o garreg yw waliau Castell Harlech. Er bod y castell dros 700 oed, mae e'n dal i fod yn gadarn.

Darnau tenau o garreg yw llechi. Llechi sydd ar do'r tŷ hwn, a cherrig yw'r waliau. Roedd creigiau caled Gogledd Cymru yn arbennig o dda ar gyfer gwneud llechi.

Mae cerrig yn gryf iawn, iawn. Wyt ti wedi gweld adfail hen dŷ? Hyd yn oed os yw'r to a'r ffenestri wedi diflannu, yn aml bydd y waliau'n dal i sefyll.

Pridd

Roedd pobl yn arfer codi tai pridd yng Nghymru. Roedden nhw'n defnyddio clai, sef pridd trwm, ac yn ei gymysgu â blew ceffyl, tail gwartheg, neu dywod. Mae llawer o'r tai pridd wedi diflannu.

Dyma dŷ mwd yn Affrica. Pridd wedi ei gymysgu â dŵr yw mwd. Mae'r mwd yn caledu yng ngwres yr haul.

Brics

Clai ydy brics hefyd. Mae peiriannau'n torri'r clai yn frics twt. Yna mae'r brics yn cael eu pobi mewn ffwrn boeth iawn, nes eu bod yn galed.

Mae defnyddio brics yn haws na defnyddio cerrig. Mae'r brics i gyd yr un maint. Os bydd angen torri un i ffitio i gornel, mae'n hawdd eu torri.

Sut mae wal frics yn wahanol i wal gerrig?

Mae llawer o ddeunyddiau eraill mewn tai.

Concrit

Cymysgedd o sment, dŵr, tywod a cherrig mân yw concrit. Pan fydd e'n caledu mae e'n galed iawn, iawn. Mae llawer o adeiladau uchel wedi eu gwneud o goncrit, a rhai heolydd hefyd.

Wyt ti wedi gweld tŷ'n cael ei adeiladu? Weithiau mae wal o frics y tu allan, a wal arall o flociau concrit y tu mewn. Mae'n cymryd llai o amser i godi'r wal goncrit.

Pa un yw'r harddaf?

Plastig

Mae sawl gwahanol fath o blastig. Mae rhai mathau'n meddalu o dan wres uchel. Felly mae'n hawdd eu mowldio i wahanol siapiau. Mae'n hawdd eu lliwio hefyd.

Dyma rai pethau plastig yn y tŷ.

ffrâm ffenest

pibell

teils llawr

switsh

Gwydr

Cymysgedd o dywod, soda a chalch yw gwydr. Wrth i'r gymysgedd gael ei boethi, mae'n troi'n wydr. Heb wydr, byddai ein tai ni'n dywyll iawn. Heb wydr, byddai'n rhaid i ni adael y drws ar agor, neu gael golau trydan drwy'r dydd.

Dyma'r Senedd yng Nghaerdydd. Fan hyn mae aelodau Cynulliad Cenedlaethol Cymru yn cyfarfod i drafod materion sy'n bwysig i ni. Mae llawer o wydr yn yr adeilad er mwyn i ni allu gweld yr aelodau wrth eu gwaith.

Dur

Metel ysgafn ond cryf iawn yw dur. Mae gan lawer o adeiladau uchel ffrâm o ddur.

Pensaer

Pensaer yw'r person sy'n cynllunio adeiladau. Richard Rogers gynlluniodd y Senedd yng Nghaerdydd. Agorodd yr adeilad yn 2006.

Dyma dri phensaer arall sydd wedi codi adeiladau enwog.

Inigo Jones

Cafodd Inigo Jones ei eni yn Llundain dros 400 o flynyddoedd yn ôl. Roedd ei dad yn Gymro. Inigo Jones gynlluniodd dŷ y frenhines yn Greenwich, Llundain.

John Nash

Roedd tad John Nash yn Gymro hefyd. Cododd John Nash nifer o adeiladau pwysig yng Nghymru, gan gynnwys Llanerchaeron. Fe gynlluniodd ddarnau mawr o ganol Llundain hefyd. Roedd John Nash yn byw 200 mlynedd yn ôl.

Syr Clough Williams-Ellis

Breuddwyd y Cymro, Syr Clough Williams-Ellis, oedd adeiladu pentref cyfan – a daeth y freuddwyd yn wir! Mae pentref Portmeirion yn llawn o adeiladau lliwgar a phrydferth.

Mae ymwelwyr wrth eu bodd yn crwydro o gwmpas y pentref Eidalaidd hwn yng ngogledd Cymru. Cafodd y pentref ei adeiladu rhwng 1925 ac 1975.

Mynegai

Inigo Mochyn a'r Plasty

Siân Lewis

Lluniau gan Dafydd Morris

pen-i-waered

Awdur: Siân Lewis
Lluniau: Dafydd Morris

ISBN: 978-1-84521-387-9

Golygydd: Fflur Pughe
Dylunydd: Richard Huw Pritchard
Argraffwyr: Argraffwyr Cambrian

caa
PRIFYSGOL ABERYSTWYTH

CBAC
WJEC

Yn ei swyddfa yn Iard Swclyn, Pentwrch, roedd Maria Mochyn yn wên o glust i glust. Maria Mochyn oedd perchennog Cwmni Adeiladu Maria Mochyn a'i Meibion, y cwmni adeiladu mwyaf enwog yn y byd i gyd.

Roedd Mal Mochyn, mab hynaf Maria, yn enwog am godi tai gwellt.

Roedd Meic Mochyn, yr ail fab, yn enwog am godi tai pren.

Roedd Moi Mochyn, y trydydd mab, yn enwog am godi tai brics.

A nawr, o'r diwedd, roedd Inigo Mochyn, mab ieuengaf Maria, yn mynd i godi ei dŷ ei hunan.

Ers wythnos gron, yn lle chwarae yn y parc, roedd Inigo bach wedi bod yn tynnu lluniau tai ar ei gyfrifiadur.

“Beth am godi tŷ gwellt?” gofynnodd Mal Mochyn, ei frawd hynaf.

“Na,” meddai Inigo. “Rhy ysgafn.”

“Beth am godi tŷ pren?” awgrymodd Meic Mochyn, ei ail frawd.

“Na,” atebodd Inigo. “Gormod o lwch llif.”

“Beth am godi tŷ brics?” meddai Moi Mochyn, ei drydydd brawd.

Crychodd Inigo ei drwyn a meddwl. “Na,” meddai o’r diwedd. “Rhy gyffredin.”

“Wel, pa fath o dŷ wyt ti’n mynd i’w godi?” gofynnodd Mal, Meic a Moi gyda’i gilydd.

"Tŷ plastig," meddai Inigo Mochyn.

"Tŷ plastig!" gwichiodd Mal, Meic a Moi, a syllu'n syn ar sgrin y cyfrifiadur.

Ar y sgrin roedd llun tŷ. Doedd e ddim yn rhy ysgafn. Doedd e ddim yn llawn o lwch llif, ac yn bendant, doedd e ddim yn gyffredin.

"Mam! Mam!" galwodd y tri mochyn mawr. "Dewch i weld tŷ Inigo! Mae e'n goch, melyn, oren, gwyn a glas."

Rhedodd Maria draw ar unwaith, a churo'i dwylo'n falch. Dyna dŷ gwych! Roedd e'n llon ac yn lliwgar.

"Da iawn, Inigo!" gwaeddodd pawb, a gwenodd Inigo'n swil.

Drannoeth, gyda help ei fam a'i frodyr, dechreuodd Inigo ar y gwaith o godi'r tŷ. Gyrrodd Maria Mochyn lwyth o blastig draw i'r safle adeiladu. Aeth Mal ati i dyllu'r seiliau. Wedyn, cododd Meic y sgaffaldiau, a rhoddodd Moi'r waliau plastig yn eu lle. Gwaith Inigo oedd edrych ar y cynllun a dweud wrth bawb beth i'w wneud.

Gweithiodd Maria a'i meibion yn galed am wythnos. Ar ddiwedd yr wythnos roedd y tŷ wedi ei orffen. Plasty oedd enw'r tŷ. Daeth tyrfa fawr o bell ac agos i weld y Plasty, ac roedd pawb yn meddwl ei fod e'n dŷ arbennig iawn.

"Tair bloedd i Inigo!" gwaeddon nhw i gyd.

"Hip, hip, HWRÊÊÊÊÊÊÊ!"

Chwythodd sŵn yr "Hwrê!" dros y caeau, dros y bryn, tuag at ogof lwyd.

Yn yr ogof, roedd Brwmstan Blaidd yn coginio'i swper mewn sosban ar y tân.

Hoff fwyd Brwmstan oedd darn mawr blasus o gig moch. Ond roedd cig moch yn brin ac yn anodd iawn ei ddal. Felly doedd gan Brwmstan ddim darn mawr o gig moch yn ei sosban. Doedd dim darn bach ganddo chwaith, dim ond tatws a moron a phys. Iych-pych! I guddio'r blas, arllwysodd Brwmstan lond pecyn mawr o bowdwr cyrri ar ben y llysiau, ac yna llowcio llond powlen o'r bwyd.

Am fwyd poeth!

Rhuthrodd i nôl potel o ddŵr i oeri'i geg.

Â'r botel ddŵr yn ei bawen, brysiodd y blaidd i ben y bryn i weld beth oedd yn digwydd.

"Waw!" meddai Brwmstan pan welodd e'r tŷ newydd, lliwgar yn y cwm. "Waw!" meddai eto, gan chwythu anadl boeth, boeth o'i geg.

Roedd ei anadl mor boeth, fe doddodd y botel ddŵr. Ond sylwodd Brwmstan ddim. Roedd e'n dal i wylio.

Gwelodd e'r dyrfa fawr yn mynd adre. Gwelodd e Maria Mochyn yn gyrru i ffwrdd gyda Mal, Meic a Moi yn sboncio yng nghefn y tryc. Gwelodd e Inigo Mochyn ar ben ei hun bach yn dweud "Hwyl fawr" wrth bawb o garreg drws y tŷ.

"Mae'n bryd i fi fynd i weld y tŷ newydd," meddai Brwmstan Blaidd gyda gwên slei.

Sbonciodd Brwmstan Blaidd i lawr y bryn gyda sach maint mochyn ar ei gefn, a thusw o flodau gwyllt yn ei bawen. Brysiodd at y Plasty a churo'n llon ar y drws.

Pan ddaeth Inigo Mochyn at y ffenest, chwifiodd y blaidd ei bawen.

"Dw i wedi dod â thusw o flodau i'r tŷ newydd," galwodd.

"Diolch yn fawr. Gad nhw tu allan," atebodd Inigo.

"Ond dw i eisiau gweld y tŷ, er mwyn i fi gael archebu un tebyg i fi fy hun," meddai'r blaidd.

"Fe bostia i'r manylion atat ti," meddai Inigo.

"Wnaiff hynny mo'r tro o gwbl," snwffiodd Brwmstan Blaidd.

Wrth i Brwmstan snwffian, llifodd ei anadl boeth, boeth drwy dwll y clo.

“Iych!” gwichiodd Inigo Mochyn wrth ogleuo’r cyrri. “O na!” gwichiodd wedyn, wrth weld twll y clo’n dechrau meddalu. Rhedodd Inigo am ei fywyd drwy’r drws cefn.

“Mae hi ar ben arnat ti nawr. Dw i’n chwythu’r tŷ i lawr!” gwaeddodd Brwmstan wrth y drws ffrynt. Cymerodd anadl ddofn, nes roedd e’n edrych fel balŵn enfawr, ac yna chwythu: “WWWWWWWWW!”

Ar unwaith, plygodd drws ffrynt y Plasty a rhedodd Brwmstan i mewn. “HA!” gwaeddodd, a llenwi’r tŷ â’i anadl boeth.

SHLWMP!

Mewn chwinciad chwannen, roedd y Plasty wedi meddalu, ac wedi disgyn ar ben Brwmstan Blaidd.

"O na!" llefodd Inigo Mochyn, a ffonio'i fam o'r ardd gefn.

Gyrrodd Maria Mochyn draw ar unwaith. Syllodd yn syn ar y darn o blastig siâp blaidd, a rhoi ei braich am ysgwydd ei mab ieuengaf.

"Doedd fy nhŷ plastig i'n dda i ddim wedi'r cyfan," meddai Inigo'n drist. "Defnyddiais i blastig oedd yn toddi yn y gwres, ac roedd anadl Brwmstan Blaidd yn boeth, boeth. Y tro nesa, fe fydda i'n gwneud tŷ o frics go iawn ac yn eu peintio nhw'n bob lliw."

"Syniad da," meddai Mam.

“Ac mae gen i syniad da arall,” meddai Inigo, gan godi’i galon.

Sibrydodd yng nghlust Mam, ac ar unwaith dyma Mam yn nôl y tryc. Cododd hi ac Inigo’r blaidd a’i roi yn y cefn. Wedyn, fe yrron nhw i’r parc chwarae a gosod y blaidd yn y canol.

Am hwyl!

Roedd y moch bach wrth eu boddau yn dringo a llithro ar eu tegan newydd, ac weithiau’n ei fwydo hefyd.

“Ond cofiwch,” meddai Inigo. “Dim cyrri! Dim byd ond salad letys i Brwmstan Blaidd.”